GUTE-NACHT-GESCHICHTEN

Bilder von Felicitas Kuhn

PESTALOZZI-VERLAG, D 8520 ERLANGEN

Rüpel, der kleine Hase

Es war einmal ein kleiner Hase. Im Sommer schlief er unter dem Wacholderstrauch, und im Winter hatte er ein gemütliches, kuscheliges Bett aus Heu im Holzschuppen hinter dem Hühnerstall. Die zwölf Hennen und der bunte Hahn kannten ihn darum gut. Doch der kleine Hase war nicht begeistert von dem Hühnervolk. Das laute Gegacker und Krähen störten ihn gewaltig. Wenn sie mit dem „Gagack" und „Kikeriki" überhaupt nicht aufhören wollten, so rannte er in blitzschnellem Zickzack zwischen ihnen hindurch und schlug so tolle Haken, daß den Hennen die Grasbüschel um die Köpfe flogen. Deshalb sagten sie manchmal Rüpel zu ihm.
„Ich bin kein Rüpel! Ich bin ein kleiner Hase!" rief er dann beleidigt und ließ die langen Ohren hängen. „Gackgack", machte eine große, braune Henne, „du bist sehr ungezogen! Warum springst du immer so wild zwischen uns herum, daß wir ganz schmutzig werden und uns dann stundenlang putzen müssen?" – „Na ja", sagte der kleine Hase, „manchmal ist euer Lärm aber auch wirklich nicht auszuhalten. Da werde ich dann richtig wütend!" – „Von jetzt an", versprach der Hahn, „werde ich nur noch morgens und abends einmal krähen." – „Und wir gackern nur noch ganz leise, wenn wir ein Ei legen", versicherten die Hühner. „Dann schlage ich auch nicht mehr solche Haken, und ihr nennt mich nicht mehr Rüpel!" sagte der kleine Hase befriedigt, und sein Schwänzchen tanzte fröhlich hin und her.

Renate Tautenhahn

Peterle und der Zebrastreifen

Peterle war ein Träumer, und darüber sorgten sich seine Eltern manchmal. Denn wie gefährlich ist das Träumen auf der Straße!
Einmal wollte Peterle seinen Freund Thomas besuchen. Er nahm seinen schönen Stoffkasper unter den Arm und stapfte los. Weil er aber wieder einmal träumte, marschierte er am Zebrastreifen drauflos, ohne nach rechts oder links zu gucken. Und dann quietschte es plötzlich so nah und laut, daß Peterle vor Schreck den Kasper fallen ließ und auf den Gehsteig zurücksprang. Da hielt auf der Straße ein Lastauto. Ein dicker Mann streckte den zornroten Kopf aus dem Fenster und schrie: „Kannst du denn nicht aufpassen, du Träumer!" Aber er schimpfte eigentlich nur, weil er sehr erschrocken war. Als er sah, daß Peterle nichts geschehen war, fuhr er weiter.
Schnell raffte Peterle seinen Kasper auf. Ach, wie sah der aus! Ganz platt und schmutzig war er! Weinend lief Peterle mit ihm zur Mutter und erzählte, was geschehen war. „Nur gut, daß dir nichts passiert ist", sagte sie blaß vor Schreck, „den Kasper machen wir schon wieder heil." Und Peterle versprach: „Ich schaue jetzt auch immer nach links, nach rechts und wieder nach links am Zebrastreifen!"

Karl Billaudelle

Der Telefonmuffel

Die meisten Kinder telefonieren gern. Agnes, ein Schulmädchen mit kleinen Zöpfen hinter den Ohren, rannte zu Hause immer als erste los, sobald das Telefon zu klingeln begann. „Hier ist Agnes!" trompetete sie dann in die Muschel hinein, noch ganz außer Atem vom Laufen. Meist waren Tanten, Onkel oder Bekannte der Eltern am Apparat. „Och", maulte sie dann, „ist wieder nicht für mich."
Agnes hatte einen kleinen Freund im Nebenhaus. Er hieß Clemens. Er war nett, aber er sprach nicht viel. Ja, er war richtig wortkarg. Er war genau das Gegenteil von Agnes, die ständig plappern konnte. Wenn Agnes ihren Clemens anrief und berichtete, wie frech dieser Cornelius Fischer wieder zu ihr gewesen ist und warum die Katze von Frau Eibenstein zum Tierarzt mußte, so sagte Clemens höchstens: „So, so", oder „aha". Und zum Schluß murmelte er noch: „Na, dann hätten wir's mal wieder!" Wenn Agnes ihn dann fragte, wann er sie einmal anrufen würde, meinte er: „Ja, wenn es sich so ergibt." Da wurde Agnes immer wild. Sie warf den Hörer auf die Gabel und rief: „Telefonmuffel!" Sie beschloß, nie wieder mit Clemens zu telefonieren. Doch am nächsten Tag traf sie Clemens zufällig am Gartenzaun, und da schenkte er ihr eine wunderschöne Glaskugel. Ja, so war er, Clemens, ein Telefonmuffel, aber ein lieber!

Renate Tautenhahn

Die Ziege Heckmeck

In einer Gärtnerei am Rande der Stadt stand ein kleiner Stall. In diesem Stall gab es dottergelbes Stroh und grünes, duftendes Heu. Dort wohnte eine hellbraune Ziege mit langem Bart. Sie wurde von allen Heckmeck gerufen.

Heckmeck war eine liebe Ziege. Das schönste aber war, daß man sie füttern durfte!

Oft kam ein kleines Mädchen mit seiner Mutter in die Gärtnerei, um Gemüse zu kaufen. Kaum sah die Gärtnersfrau das kleine Mädchen, da holte sie auch schon eine große Möhre oder einen von diesen kleinen, roten, besonders süßen Äpfeln. Das Mädchen nahm Möhre und Apfel und rannte, so schnell es konnte, in den Stall. Dort sah ihm die Ziege Heckmeck schon erwartungsvoll entgegen. Sie meckerte einen Willkommensgruß, legte den Kopf schief und ließ den Bart wehen.

„Ja, ja", sagte das kleine Mädchen besänftigend, „ich komme ja schon, ich bin ja schon da. Sieh nur, was ich dir diesmal mitgebracht habe! Magst du?" Und es hielt der Ziege Heckmeck die Möhre entgegen. Gern ließ sich diese füttern. Und nicht nur das, Heckmeck ließ sich auch streicheln. Erst das eine Ohr, und dann das andere. Und als die Mutter dann nach dem kleinen Mädchen rief, sagte es schnell: „Also, Heckmeck, bis bald!"

Und beide wußten, daß sie sich schon bald wiedersehen würden.

Renate Tautenhahn

Klaus beim Zahnarzt

Mit Klaus hat die Mutter ihre Last: Er putzt sich nicht gern die Zähne. Mal sagt er, die Zahnpasta schmecke ihm nicht, mal ist ihm die Zahnbürste zu hart, ein andermal zu weich. So findet er immer Ausreden und drückt sich vor dem Zähneputzen, wo er nur kann. „Wenn du die Zähne nicht putzt, dann bekommen sie Löcher, und der Zahnarzt muß bohren. Das tut weh!" warnt ihn die Mutter immer wieder. Aber Kläuschen meint: „Hach, Mutti, meine Zähne kriegen doch keine Löcher!" Und er drückt sich weiterhin.

Eines Abends bettelt Klaus um ein süßes Betthupferl. „Aber nur, wenn du dir hinterher gründlich die Zähne putzt", sagt die Mutter. Klaus verspricht es. Und dann läßt er sich ein knuspriges Stück Lebkuchen schmecken – hmmm! Bloß das Zähneputzen vergißt er wieder!

In der Nacht aber wird Klaus wach, weil er arge Zahnschmerzen hat. Und weil die gar nicht aufhören, muß die Mutter am Morgen mit ihm zum Zahnarzt gehen. Mit einem kleinen Spiegel schaut er sich die Zähne von Klaus an. Er klopft an diesen und jenen Zahn, und schließlich stochert er mit einem spitzen Stäbchen ein Stück Mandelsplitter zwischen zwei Zähnen hervor. „Nanu", sagt er, „das sieht ja aus wie ein Stück Nußkern. Du hast dir wohl die Zähne nicht geputzt?" Klaus wird ganz rot und sagt lieber gar nichts. Doch später verspricht er der Mutti ganz fest, von jetzt an immer tüchtig die Zähne zu bürsten!

Karl Billaudelle

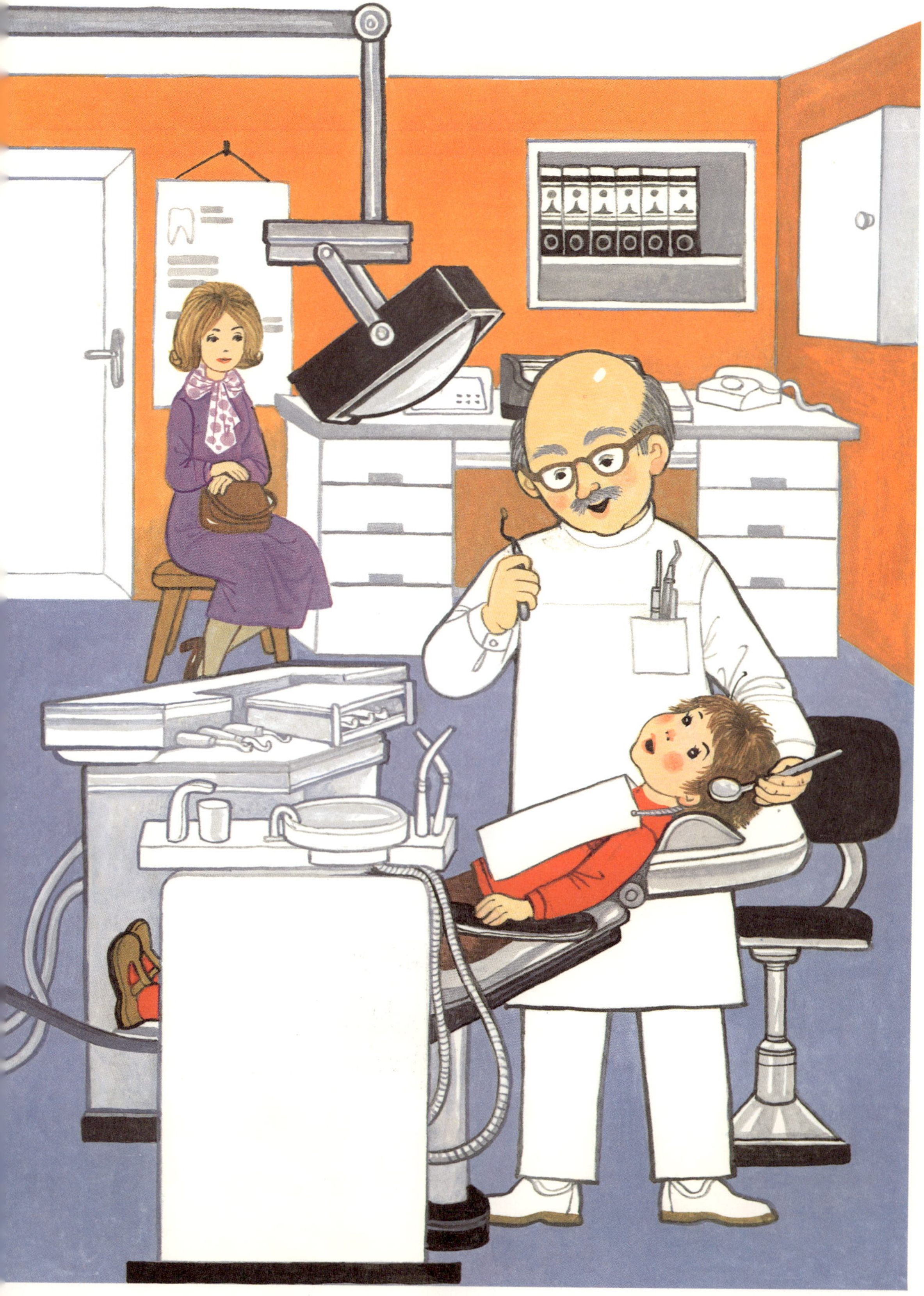

Eduard, der Gartenzwerg

Mitten in einem wunderschönen, alten Garten stand Eduard, der Gartenzwerg. Mit seiner roten Zipfelmütze, dem blauen Wämslein und der schwarzen Hose gefiel er sich selbst recht gut.
So lange Eduard denken konnte, hatte er immer unter den Fliederbüschen gestanden. Nur einmal nicht, und das kam so:
Um Mitternacht, wenn die nahe Turmuhr zwölfmal schlug, wurde Eduard immer lebendig. Dann konnte er genau eine Stunde lang im Garten herumspazieren. Er konnte auf dem Rasen Purzelbäume schlagen, im Brunnen baden oder in der Gartenlaube Radio hören. Schlag ein Uhr aber war der Zauber vorbei. Da hatte Eduard wieder an seinem gewohnten Platz unter den Fliederbüschen zu sein.
Eines Nachts jedoch kam etwas dazwischen. Gerade als Eduard munter auf der Gartenschaukel auf- und abturnte, zwickte sich seine schöne Hose ein. Er zog und zerrte, bis es „ratsch" machte und die Hose ein Loch hatte.
Indessen schlug es von der Turmuhr langsam ein Uhr. Eduard, der Gartenzwerg, konnte sich nicht mehr rühren.
Am nächsten Morgen wunderte sich der Gärtner sehr: Wie kam der Gartenzwerg auf die Schaukel? Eduard wurde wieder unter die Fliederbüsche gestellt. Das Loch aber in seiner schwarzen Hose sah keiner!

Renate Tautenhahn

Melchior und Balthasar

Melchior und Balthasar waren Zwillinge. Sie waren rothaarig, hatten Stupsnasen und viele Sommersprossen. Sie trugen immer die gleichen Sachen, gingen in dieselbe Schule, hatten dieselben Freunde und natürlich auch immer die gleichen Noten. Ständig wurden sie verwechselt, denn niemand konnte die beiden auseinanderhalten. Sogar ihre Mutter hatte ihre liebe Not damit.

Als die beiden zehn Jahre alt wurden, fragten die Eltern: „Nun, was wünscht ihr euch?" Melchior sagte: „Einen Hund." Und Balthasar rief: „Einen Hund!" Zwei Hunde im Haus? Unmöglich! Wenn überhaupt, dann nur einen einzigen Hund! Melchior und Balthasar heulten los. Oh, oh! Jeder wollte einen haben! Nur einen ganz kleinen. Die Eltern waren ratlos. Schließlich sagte Onkel Theobald: „Schenkt ihnen halt zwei kleine Dackel, das ist so gut wie ein großer Bernhardiner."

Am Geburtstagsmorgen saßen zwei kleine Rauhhaardackel in der Diele, etwas verängstigt durch das Freudengeheul, das Melchior und Balthasar aufführten. „Wie werdet ihr die beiden rufen?" fragte Onkel Theobald. „Also meiner heißt Melchior", kicherte Melchior. „Und meiner heißt Balthasar!" rief Balthasar. Und dann stürmten die Zwillinge Melchior und Balthasar in den Garten, gefolgt von den Dackeln Melchior und Balthasar.

Renate Tautenhahn

Ninas Traumhaus

„Gute Nacht, Nina", sagte die Mutter und schloß die Tür zu Ninas Zimmer. „Gute Nacht, Mama", murmelte auch Nina. Sie drehte sich um und machte die Augen zu. Auf diesen Augenblick freute sie sich jeden Abend. Denn in Gedanken ging sie nun in den Hof hinaus. Dort stand ihr Traumhaus. Sie öffnete die Tür und war auf der Stelle in einer wunderschönen Welt. Hier war sie Prinzessin oder Detektiv, oder sie lebte auf einem Bauernhof und ritt dort auf ihrem eigenen Pony über die Wiesen. In ihrem Traumhaus erlebte Nina die herrlichsten Abenteuer, und wenn sie Glück hatte, träumte sie weiter, was sie sich zuvor ausgedacht hatte.

Doch dann fand Ninas Vater in einer anderen Stadt Arbeit, und die Familie mußte umziehen. Bei dem Gedanken daran wurde Nina sehr traurig. Was sollte nun mit ihrem Traumhaus werden?

Und dann war der erste Abend im neuen Haus gekommen. „Gute Nacht, Nina, träum was Schönes! Der erste Traum im neuen Haus geht meist in Erfüllung", sagte die Mutter. Nina schloß die Augen – und da stand es vor ihr, ihr Traumhaus! Nina öffnete die altbekannte Tür und trat ein. Sie war wieder im Märchenland.

Lieselotte Hallmeier

Rübsamen in den Ohren?

Weil die Mutter im Krankenhaus liegt, ist Tante Christine zum Helfen ins Haus gekommen. Tante Christine ist eine ganz Flinke, die nicht viel Umstände macht. Das merken die beiden Buben bald – Jörg, der schon in die Schule geht, und der kleine Holger. Der trödelt so gern herum. Er ist mit dem Waschwasser meist sehr sparsam. Tante Christine findet das gleich am ersten Abend heraus. Da entdeckt sie nämlich so allerlei in Holgers Ohren. Sie ruft: „Ei du liebe Zeit! Da kann man ja Rüben hineinsäen! Dann wachsen dir in der Nacht grüne Büschel aus den Ohren!" Und sie rubbelt so kräftig mit dem Seifenlappen, daß Holgers Ohren richtig rot werden und ganz heiß.

Als Holger am nächsten Morgen wach wird, findet er auf seinem Kopfkissen ein Gänseblümchen. Das zeigt er dem Jörg. Der grinst und sagt scheinheilig: „Ja, das ist dir wohl über Nacht aus dem Ohr gewachsen. Und dann ist es abgebrochen, als du dich auf die Seite gelegt hast!" – „Aber Tante Christine hat meine Ohren doch ganz feste gerubbelt!" ruft Holger. „Da war doch vielleicht ganz unten noch was drin", meint Jörg.

Natürlich hat Jörg das Gänseblümchen aufs Kopfkissen gelegt! Holger glaubt das auch. Aber das Gänseblümchen sagt nichts. Und weil Holger es nicht ganz sicher weiß, ob es nicht doch aus seinen Ohren gewachsen ist, so wäscht er sie sich jetzt lieber.

Karl Billaudelle

Das Nashorn und der Vogel

Auf einer grünen Wiese lebte ein graues Nashorn. Es war ein bißchen schüchtern und ein bißchen traurig, weil es so grau war. Jeden Tag trottete es langsam über die grüne Wiese zu einem kleinen Teich, um zu trinken.

Das graue Nashorn war recht praktisch veranlagt. Für seinen Bauch hatte es sich in der Wiese eine bequeme Mulde gegraben. Dort hielt es einmal gerade seinen Mittagsschlaf. Da kam ein Vogel geflogen, flatterte um das Nashorn herum und setzte sich ihm schließlich auf die Nase. Das Nashorn blinzelte und brummte dann: „Will schlafen!" Der kleine Vogel aber tat, als hätte er nichts gehört. „Lulali, lilalu, lalala", zwitscherte der Vogel, pflückte eine rosa Blumenknospe und steckte sie dem Nashorn hinters graue Ohr. „Schön siehst du jetzt aus", sagte der Vogel. „Du müßtest dich sehen können, du bist gar nicht mehr so grau! Einfach toll!" – „Wirklich?" fragte das Nashorn ungläubig, hob seinen Bauch aus der Mulde, rannte zum Teich und guckte ins Wasser. Tatsächlich, es sah ganz verändert aus. Der pfiffige Vogel war noch nicht ganz zufrieden. Er holte noch da und dort eine Blume und schmückte damit das Nashorn, das schon ganz bunt aussah.

Als es wieder zurück zu seiner Mulde trabte, war es nicht mehr so grau, nicht mehr traurig und auch nicht mehr so schüchtern. Gemeinsam mit dem Vogel sang es, daß man es auf der ganzen großen Wiese hörte: „Lulila, lalilu, lalala!"

Renate Tautenhahn

Helga und die Erbse

Die kleine Helga ist eine ganz wilde Hummel. Sie rennt und turnt und klettert, rutscht und tobt den lieben langen Tag herum und stellt dabei so allerlei an. Abends sind dann alle ganz, ganz müde: der Vater, die Mutter, die Oma. Nur Helga turnt noch weiter im Bett herum. Meist schläft sie im Sitzen ein, und die Mutter muß sie hinlegen und zudecken. Aber in der Nacht strampelt sie dann weiter.

Eines Tages rutscht Helga in der Küche auf dem Boden herum. Da findet sie eine Erbse. Sie rollt sie in der Küche hin und her, und dann auf einmal – stellt euch vor! – steckt sie die Erbse doch wahrhaftig in die Nase! Einfach so, weil sie sehen will, ob die Erbse da hineinpaßt. Ja, und dann kriegt sie die Erbse nicht mehr aus dem Nasenloch heraus! So oft sie auch versucht, die Erbse mit dem Finger herauszustochern – die Erbse rutscht immer tiefer hinein. Nun wird ihr aber angst und bange. Sie fängt an zu weinen, dann zu schreien, schließlich zu heulen wie eine Sirene!

Die Mutter kommt angelaufen, die Oma hinterdrein. Schließlich stürzt auch noch der Vater herbei. Alle versuchen, die Erbse aus der Nase herauszubekommen. Der eine drückt, der andere zieht, der dritte bohrt. Aber alles ist vergebens. Und je mehr Helga weint, umso dicker quillt die Erbse auf. Schließlich, als alles nichts hilft, läuft Mutter mit Helga zu Doktor Popelmeier. Der schüttelt nur den Kopf, als er die weinende Helga anschaut. Dann faßt er die Erbse mit einem ganz feinen Zänglein und zieht sie aus Helgas Nase. Na, ihr könnt euch denken, wie froh die Helga ist! Ich glaube, sie hat nie wieder eine Erbse in die Nase gesteckt! Was meint ihr?

Karl Billaudelle

Der ungeduldige Regentropfen

Es war Herbst geworden. Von den Bäumen herab tanzten die bunten Blätter Ringelreihen. Am Himmel oben segelte eine kugelrunde, graue Wolke dahin. Ganz langsam zog sie ihres Weges, denn sie war mit vielen Regentropfen beladen. „Was ist das bloß für eine langweilige Reise", jammerte ein Regentropfen, „ich wollte schon längst in den Bergen sein!" – „Ja, ja", sagte unwillig die Wolke, „heute habe ich so viele Regentropfen huckepack zu tragen, daß es eben nicht so schnell geht!" Der ungeduldige Regentropfen rief mißmutig: „Larifari, nichts wie Ausreden! Ich werde mal dem Wind sagen, daß er kräftiger blasen soll!" – „Unterstehe dich", drohte die Wolke, „der Wind ist so eisig, daß ihr allesamt erstarrt!" – „Das wollen wir doch mal sehen", beharrte der neunmalkluge Regentropfen und sah sich nach dem Wind um. Aber ehe er sich's versah, hatte ihn die Wolke einfach fallen lassen. Mit solch aufmüpfigen Burschen machte sie kurzen Prozeß. „Halt!" schrie der Regentropfen, „wir sind ja noch nicht in den Bergen!" Aber die Wolke hörte ihn nicht mehr. Dafür hörte ihn der Wind. Blitzschnell kam er angebraust und blies eine eisige Luft vor sich her. Dem Regentropfen ging es durch und durch. Sein Wasser erstarrte, und im Nu bildeten sich lauter winzige Kristalle. Aus dem Regentropfen war eine Schneeflocke geworden, die langsam zur Erde schwebte. „Guck mal", sagte Tobias zu seiner kleinen Schwester, „es schneit schon!"

Renate Tautenhahn